តើអ្នកមានអារម្មណ៍បែបបណា?

ដោយ Menaka Raman

គូររូបដោយ Angie & Upesh

Library For All Ltd.

DIGITAL EDUCATION
LIBRARY
FOR ALL
FOR THE WORLD

តើអ្នកមានអារម្មណ៍បែបណា?

រីករាយមែនទេ?

សើចក្អាកក្អាយមែនទេ?

ងកោមែនទេ?

ខឹងមែនទេ?

មូ ម៉ា មែន ទេ?

មិនសប្បាយចិត្តមែនទេ?

13

ព្រួយបារម្ភមែនទេ?

លោកលន់?

17

ឆ្លងដល់ហើយ?

18

ថ្ងៃនេះមានអារម្មណ៍យ៉ាងម៉េចដែរ?

អំពីអ្នករួមចំណែក

បណ្ណាល័យសម្រាប់ទាំងអស់គ្នា ធ្វើការជាមួយអ្នកនិពន្ធ និងអ្នកគំនូរមកពីជុំវិញពិភពលោក ដើម្បីបង្កើតរឿងប្លែកៗ ពាក់ព័ន្ធ និងគុណភាពខ្ពស់សម្រាប់អ្នកអានវ័យក្មេង។

សូមចូលមើលគេហទំព័រ libraryforall.org សម្រាប់ព័ត៌មាន ចុងក្រោយបំផុតអំពីព្រឹត្តិការណ៍សិក្ខាសាលារបស់អ្នកនិពន្ធ គោលការណ៍ណែនាំការដាក់ស្នើ និងឱកាសថ្មីៗប្រឌិតផ្សេងៗទៀត។

តើអ្នកចូលចិត្តសៀវភៅនេះទេ?

យើងមានរឿងដើមដែលរៀបចំដោយអ្នកជំនាញរាប់រយ
រឿងទៀតដើម្បីជ្រើសរើស។

យើងធ្វើការក្នុងភាពជាដៃគូជាមួយអ្នកនិពន្ធ អ្នកអប់រំ
ទីប្រឹក្សាប្បធម៌ រដ្ឋាភិបាល និង NGOs ដើម្បីនាំមកនូវ
សេចក្តីរីករាយនៃការអានដល់កុមារគ្រប់ទីកន្លែង។

តើអ្នកដឹងទេ?

យើងបង្កើតផលប៉ះពាល់ជាសាកលក្នុងវិស័យទាំងនេះ
ដោយប្រកាន់យកគោលដៅអភិវឌ្ឍន៍ប្រកបដោយចីរភាព
របស់អង្គការសហប្រជាជាតិ។

library for all.org